Heinrich Heine in Gedicht

Rudolf Gerber

Herstellung: Books on Demand GmbH
ISBN 3-8311-3694-7

Heinrich Heine in Gedicht

Einführung

Heinrich Heines Gemälde,
Von Oppenheim (1831) bekannt.
Durch heftige Schelte,
Vom Bundestag (1835) verbannt.

Seine echt "Geständnisse", (1853/54)
Zeigt er in seiner Schrift.
Als wahre Bekenntnisse,
Zwar aus eig'ner Sicht.

Darin ist sein Wesen,
Und seine religiöse Art.
Sein Charakter zu lesen,
Der einmalig wohl ward.

Seine hohe Poesie,
Die seine Gedichte zeigen.
Zu erreichen wohl nie,
Großer Dichter wird bleiben.

Deutschland bis Luther

Die Religion, die uns erfreut,
Das ist das Christentum.
Deren Idee uns nie gereut,
Drum behandle diese nun.

Wie in Konstantinopel vereint,
Über den Logos stritt.
Weil so in Rom gemeint,
Unter deren Last gelitt´.

Was weltlich und geistig Macht,
Zur Investitur endlich verleih.
So Byzanz darüber wacht,
Ob der Logos im Vater sei.(ομοουσιοσ)

Ob Maria Gottesmutter find,
Oder nur wie jede Frau.
Mutter sei mit einem Kind,
Wer wisse dies´genau?

Nestorius galt als Verräter,
Weil die Pulcheria schützt.
Die den Cyrillus später,
Zu hassen gar benützt.

Ebenso im Okzident besteht,
Nur Rom will herrschen allein.
Um kanonisches Recht es geht,
Hierarchisch muss es sein.

Was die Idee des Christlichen ist,
An seiner Erscheinung ableiten kann.
Dann ganz genau es wüsst,
Und wie es sich verbreitet dann.

Manichäer durch Gnostik verdammt,
In Symbolik entsteht die Kunst.
Nun durch's ganze Leben gelangt,
Und erhielt allerhöchste Gunst.

Darin die Lehr' sich gleicht,
Weil zwei Prinzipien birgt.
Gutes und Böses erreicht,
Wodurch diese gewirkt.

Aus altpersicher Sicht,
Ormuzd den Ausschlag gibt.
Stellt hin das "ewige" Licht,
Ahriman Finsternis liebt.

Das böse Prinzip entstand,
Durch Emanation von Äonen.
Vom Ursprung abgewandt,
Ein Demiurg tat darin wohnen.

Die gnostisch' Lehr unirdisch,
Führt hin zur Inkarnation.
Durch Abtötung was begierlich,
In sich versenke schon.

Beschauliches Mönchtum entstand,
Als reinste christlich' Idee.
Mit Christus ganz eng verbandt,
Der Teufel aber geh'.

Dem Herrn gehört die Seele,
Der Leib ist Teufelswerk.
Die Natur ursprünglich böse,
Hinführet zum Verderb.

Deshalb Sinnlichem entsage,
Damit die Seel' aufschwing.
Leid und Last täglich trage,
Zum lichten Himmel hin.

Diese Weltansicht ausbreit',
Übers ganze römisch Reich.
Wie ansteckende Krankheit,
Aber einer Schwäche gleich.

Harmonie von Leib und Seele,
Die ursprünglich vorhanden.
Nun aber gänzlich fehle,
Entrissen göttlicher Banden.

Alle Genüsse schöner Erde,
Abtötung farbigerer Sinnlichkeit.
Zu kalten Gespenstern werde,
Am Ende arge Hoffnung bereit.

Der jüngste aller Tage,
Meinung der Frommen sei.
Doch diese letzte Frage,
Muss gebären immer frei.

Wenn auch zum Elend bestimmt,
Von Despoten gar zertreten.
Bei Lakeien der Hohn gewinnt,
Was die Mächtigen vorbeten.

Doch Religion war eine Wohltat,
Für leidend' Menschengeschlecht.
Die Stärksten gezähmt von Untat,
Die Schwachen kamen zum Recht.

Ewger Ruhm gebührt dem Symbol,
Jenes leidend' Sohn Gottes.
Dem Heiland als Menschensohn,
Dornengekrönten Wortes

Dessen kostbares Blut,
Wie Balsam hat vergossen.
Alle Wunden schließen tut,
Menschen daran genossen.

Zu seh'n an christlicher Kunst,
Namentlich in der Architektur.
Voll Ehrfurcht und Inbrunst
In Einklang mit der Kultur.

Von unten strebend empor,
Ein gotischer Dom zu schaun.
Aus Steinen sprossen hervor,
Und Laubwerk wird zum Baum.

Die Frucht dieses Weinstockes,
Gekelter zum göttlichen Blut.
Die Ähre im Brot des Sohnes,
Heiliges Fleisch darin ruht.

Die Legende des Konzils zu Basel,(1433)
Gibt Aufschluss über Natur.
Vermummt wie leeres Gefasel,
Darin findet statt die Spur.

Gesellschaft Geistlicher spaziert,
Durch Gehölz des Basler Wald.
Prälaten, Doktoren diskutiert,
Über theologische Fragen bald

In dogmatisch, abstrakter Diktion,
Melodien mit Jauchzen und Schluchzen.
Durch Nachtigall zärtlichen Ton,
Ließ alle sogleich verdutzen.

Gefühle erwachten aus dumpfem Schlaf,
Voll Staunen und großem Entzücken.
Einer mit der Stimme unterbrach,
Darf nicht sein, mit rechten Blicken.

Die Nachtigall wohl ein Teufel sei,
Mit ihren holdseligen Lauten.
Zu Wollust, süßer Sünde verleih',
Exorzismus deshalb raunten.

Der Vogel Antwort gab sogleich,
Ich bin ein sehr böser Geist.
Friede von diesem Orte weich,
Bald später den Tod erreicht.

Alles was süß und lieblich,
Zu jener Zeit war verschrien.
Menschen macht überheblich,
Zur Sünde hin würd' führen.

Nur für das gute Prinzip,
Reich Gottes war bekannt.
Das über Europa schritt,
Von der Kirche wurde genannt.

Böses Prinzip ward vorgestellt,
Unterschiedlich zwar gedacht.
Als List zur Sünde der Welt,
Heidnischer Spuk, Teufel macht.

Wo einst hoher Olymp durchdrungen,
Nun zur düstersten Hölle verfing.
Wo einst Dichter Lob gesungen,
Selbst schöne Venus Teufelin.

In jenem wundersamen Höhlenglück,
Die keusche Diana so berührt.
Den prächtigen Tannhäuser berück,
Liederliches Leben mit ihm führt.

Im Norden von Europas Serien,
Der Glaube pantheistisch gesinnt.
Seine Symbole und Mysterien,
Von Natur und Elementen bestimmt.

Wunderliche Wesensumtriebe,
In jedem Baum eine Gottheit wacht.
Mit Missgunst und recht trübe,
Geister, Dämonen bei Tag und Nacht.

Deutschen Hexen zum Opfer fiel,
Ganz nackt, mit Salbe beschmiert.
Reitend auf einem Besenstiel,
Wüst auf des Brockens Geviert.

Auf dem Gipfel dieses Berges,
Satans Gestalt des schwarzen Bock.
Hexenschwestern mit Kerzen,
Küssen den Rücken am Loch.

Hochgelehrter Herr Dr. Remigius einer,
Der Lothringschen Kriminalrichter.
Wohl achthunder solcher Weiber,
Auf dem Scheiterhaufen vernicht er.

Seinen Schuldbeweis erbringt,
Jede Hexe ins Wasser wirft.
Wenn dabei nicht untersinkt,
Ihr armes Leben verwirkt.

Dann gibt's noch Poltergeister,
Und Kobolde, Wichtelmännlein.
Darauf Dobeneck hinweist er,
Wie kleine Kinder in Röckelein.

Manche haben Messer im Rücken,
And're von gräulich Statur.
Menschen mit Diensten beglücken,
Es Chimchen heißen nur.

Doch nie Kobolde dürfen sehen,
Auch nimmer auszulachen sind.
Ohne ihnen Speise zu geben,
Sonst rächen sie sich bestimmt.

Diesem Missgeschick bereiten,
Das Geschirr und Töpfe zerbrechen.
Und das zu seltsamsten Zeiten,
Darum ausgescholten werden dessen.

Die Geschichte davon erzählt,
Eine Magd das "Heinzchen" wollt sehen.
Den dunklen Keller auswählt,
Und stets darauf wollt bestehen.

Ein Licht nimmt wohl mit hinunter,
In den Keller, ganz dunkel war's.
Ein Kind im Blute schwimmt munter,
Vor einem ganz offenen Fass.

Um's Jahr 1132 zu sein,
Erschien ein böser Geist.
Im Bistum Hildesheim,
Hüdeke sein Name heißt.

Bischof Bernhard von Hildesheim,
Geriet in sehr groß' Gefahr.
Eine Beute des Rächers zu sein,
Hüdeke weckt ihn auf sogar.

Steh' auf, du Kahlkopf gleich,
Wiesenburg durch Mord verlassen.
Dies' nimmer dich erreich,
Vor dir sollen alle erblassen.

Rasch sammelt seine Krieger,
Griff den schuldigen Grafen an.
So blieb er dessen Sieger,
Sich nimmer retten kann.

Oft warnt der Geist vor Gefahr,
Und zeigt sich in der Hofküche.
Doch der Koch ihn neckte gar,
Sodass diesen schlug in Stücke.

In Kochtöpfen schnitt sein Fleisch,
Im Ofen das Feuer anfacht.
Und kocht es gar und weich,
Weil Hüdeke ward verlacht.

Altgermanisch' Nationalreligion,
So sehr wurde ja umgekehrt.
Pantheistisch' Elemente davon,
Als pandämonische Teufel verehrt.

Selbst von Vorfahren den Plunder,
Davon der Mensch wird nicht frei.
Zwar schwand der Glaube an Wunder,
Aber nicht an Zauber und Hexerei.

Luthers kuriose Geschichten,
Von Satans, Kobolde und Hexen.
Die seine Tischreden erdichten,
So manchen Katholiken verletzen.

Auf der Wartburg beim Übersetzen,
Neues Testament in deutsche Sprach.
Muss mit dem Teufel kämpfen,
Das Tintenfass gegen ihn warf.

Denn schwarze Tinte der Teufel hasst,
Damals allen wohlbekannt.
Den Teufel sogleich erfasst,
In die tiefste Hölle verbannt.

Wenn auch für Meister Martin hege,
Sogar den allergrößten Respekt.
Doch letzter Grund ihn nicht bewege,
Weil gegen die Kirche war direkt.

Dass die Idee des Christlichen,
Im Widerspruch menschlicher Natur.
Vernichtung galt dem Sinnlichen,
Nicht auszuschalten jegliche Spur.

Zärtliche Neigung im innern Herzen,
Darf finden sogar tiefst Gehör.
Muss eingestehen voll Schmerzen,
Wenn der Sünde Abbitte gewähr.

So entstand bei der alten Kirche,
Ein Wehrgeld der Fleischeslust.
Für alle sündhaften Wünsche,
Die nur inneres Herz gewusst.

Der Ablass galt nicht als Missbrauch,
Konsequenz des Systems er war.
Kunst und Peterskirche schafften auch,
Durch den Teufel großes geschah'.

Wie bereits bei hohen Pyramiden,
Durch "Freudengelder" aufgericht.
So wird es ewig sein hinieden,
Tempel ensteh'n durch solche Sicht.

Auch bei Synagogen der Juden,
Wohl in aller "religiöser" Welt.
Stehen verlockende Buden,
So was gibt's für gutes Geld.

Der Spiritualismus war es,
Eine Breche in die Kirche schlug.
Die Reformation also indes,
Schürt Sensualismus zur Glut.

Freiheitsrausch in Stadt und Land,
Unbändiger Krieg mit Gewalt.
Erweckten Tod und Brand,
Durch Unordnung ohne Halt.

Klöster öffneten die Pforten,
Mönche und Nonnen umarmten sich.
Mit zügellosen Worten,
Auch Scham und Anstand wich.
Im Reichstag zu Worms war's, (1521)
Auf dem Throne der junge Kaiser.
Mit Purpurmantel zur Farce,
Römisch-deutscher Wegweiser.

Freut sich über religiösen Zwiespalt,
Auch weltliche Fürsten zumal.
Für die wohl die neue Lehre galt,
Auszuplündern die Kirche überall.

Ein Mönch dem stand gegenüber,
Mit seiner langen Kutte in schwarz.
Hager und sehr bleich als Behüter,
Von der Vorsehung erlesen war's.

Deutsch die Verteidigung gesprochen,
Dem Kaiser in latein musst übersetzen.
Mit inner Kraft rechten Ton getroffen,
Dass sogar alle ihn hoch einschätzen.

Zugleich nach Reformen gerufen,
Nicht nur mystisch und verträumt.
Sondern praktisch zu erfüllen suchen,
Weder ketzerisch noch überschäumt.

Gedanken erfüllt von Flügel,
Auch Hände und guten Rat.
Doch nicht ohne jedes Zügel,
Nicht nur Zunge, sondern Tat.

Wie ein Fischweib konnte schimpfen,
Zugleich weise mit Gemüt und zart.
Dogmatisch Diktion nicht verunglimpfen,
Selbst in Melodien und Andacht tat.

Ein Mensch vollendeter Größe,
Sich mit Geist und Materie verband.
Das Ursprünglich Mirakulöse,
Mit klarem prophetisch Verstand.

Die Feinheit des Erasmus gar,
Wie auch Milde des Melanchton.
Beides nie je miteinander gewahr,
Was durch Bibel fand den Ton.

Zerbrochen wurden Rom's Ketten,
Ein neues Zeitalter schon beginnt.
Evangelische Christen zu retten,
Priester sich mit Weib verbindt.

Im nachhinein Heine bedauert,(1852)
Was vorschnell hat gesprochen.
Sich deshalb zusammenkauert,
Weil mit Religion hat gebrochen.

Wie ein unbedachtes Wort,
Das aus dem Mund gekommen.
Gegen die Bibel diesen Hort,
Gerne hätte zurückgenommen.

Josua Ben Siras Ben Eliezer ehrt,
Sein Sinn sei reicher als das Meer,
Seine Worte tiefen Abgrund wehrt,
Wozu er sich stets bekenne sehr.

Von Luther bis Kant

Im vorigen Buch behandelt,
Zumal von Luther ward.
Wie Religiöses umgewandelt,
Durch eine neue Art.

Jetzt sprech' von Revolution,
Die wohl daraus entstand.
Deren Schicksal und Lohn,
Durch Philosophie bekannt.

Nicht Baco wie gelehrt,
Ist Vater neuer Lehr'.
Descartes hochverehrt,
Letztlich begründet sehr.

Zwar als Franzose geboren,
Im diskret, schwatzend Land.
Hat Holland selbst erkoren,
Darin große Ruhe fand.

Weder auf Glauben noch Empirie,
Tiefgründige Lehren stützt.
Im Selbstbewusstsein wie noch nie,
Ein "Cogitans sum" benützt.

Nur dort konnt es wagen,
Den Kampf zu beginnen.
Traditionen zu begraben,
Ohne Theologie zu binden.

Denn Scholastik wie bemerkt,
Wenn in Widerspruch geriet.
Keine Vernunft je beherrscht,
Auf Konzilien sich bezieht.

Zwei gegensätzlich Ansichten,
Besteh'n seit ältester Zeit.
Deren Ideen sich verpflichten,
Zum Menschengeist bereit.

Wie Sinne Speisen schlucken,
In den Magen hineingeh'n.
Ideen Verstand aufmucken,
Tabula rasa wird geseh'n.

Entgegengesetzte Ansicht,
Angeborene Ideen behaupt.
Erfahrung nur wird belicht,
Was längst im Innern glaubt.

Die erstere der Meinung,
Man Sensualismus nennt. (Empirismus)
Die weitere Erscheinung,
Den Spiritualismus bekennt. (Rationalismus)

Gebe ihnen andere Namen,
Materialismus ganz erdennah'.
Dem anderen geistige Gaben,
Idealismus wird gewahr.

Französische Philosophengeister,
John Locke, Descartes Schüler.
Zwar lernte bei dem Meister,
Doch Ideen verwarf er wieder.

Mechanik, Konstruieren, Rechnen,
Von außen durch Erfahrung gelang.
Mit allem anderen tat er brechen,
Der Mensch als Maschine begann.

Auch die deutschen Denker,
In der Schule Descartes waren.
Leibnitz als größter Kenner,
Den Idealismus lässt bewahren.

Das Studium voll Eifer weckt,
Und lenkt in neue Bahnen.
Die Theodizee lehrte perfekt,
Durch harmonische Monaden.

In gleicher Weise tut es,
Eine Harmonie zu gewinnen.
Zu Plato und Aristoteles,
Doch wer wird das beginnen.

Beide nicht nur Systeme sind,
Sondern typisch Menschennatur.
Wohl niemals zusammenfind,
Wenn jeder in seiner Spur.

Schwärmerisch Mystisches gar,
Des Gemüt tiefen Abgrundes.
Praktisch ordnend fürwahr,
Bei Dogmatik und des Kultes.

Auch bei den Protestanten,
Der Zwiespalt wird gewahr.
Die einen Pietisten nannten,
Andere sich orthodox sogar.

Einerseits ist Mystik ohne Phatasie,
Andererseits Dogmatik ohne Geist.
Zur Einheit finden beide wohl nie,
Wenn nur auf das Wort hinweist.

Ein großer Genius sich findet,
Weniger Anpassung sondern Reibung.
Wie ein Diamant sich bildet,
Statt Tradition durch eigene Schleifung.

Spinoza mit mathematischer Form,
Solche Methode meisterlich hegt.
Ins Unendliche schaut nach vorn,
Prophetischen Ernst stets bewegt.

Doch diesem ward gesprochen,
Von Juden israelitischer Bann.
Obschon er nichts verbrochen,
Mit dem "Schofar" in Amsterdam. "(Bockshorn)"

Spinoza sich nicht mit Gründen quält,
Letze Fragen analytisch zu lösen.
Seine Synthese die Gottheit wählt,
Absolute Substanz fern vom Bösen.

Unendliches Denken und Ausdehnen,
Sind Attribute absoluter Substanz.
Nur beides kann menschlich verstehen,
Doch absoluten Gott niemals ganz.

Der Gott aller solch Pantheisten,
In der Welt selbst ist vorhanden.
Derjenige aber der Deisten,
Über dem Weltall jeweils fanden.

Nur in Bezug des Regieren,
Unterscheiden sich ganz frei.
Hebräer den Herrscher küren,
Christen liebender Vater sei.

Rousseau der Genfer Schule,
Gott sei Künstler und weise.
Und wie ein Uhrwerk schluge,
Bewundernd das Werk preise.

Juden verachten den Leib,
Er wäre armselig Geringes.
Als Hülle zu nennen bleib,
Für heiligen Hauches Dinge.

Dem widmen sich mit Sorgfalt,
In Ehrfurcht und Kultespflicht.
Keusch, genügsam sich enthalt,
Bis zur Blüte in Jesus Christ.

Dieser ist im wahren Sinn,
Des Wortes inkarnierter Geist.
Tiefsinnig bedeutungsvoll hin,
Die immakulierte Jungfrau preist.

Bei Pantheisten einmalig kommt,
Die Gottheit zum Bewusstsein.
Das jedem Menschen frommt,
Und objektiv sogar erschein.

Dies' nicht individuell geschieht,
Noch dem Einzeln wird bewusst.
In der Völkergemeinschaft liegt,
Alles Göttliche entstehen musst.

Die politische Revolution zurecht,
Sich auf Materialismus stützt.
Kämpft nicht für Menschengeschlecht,
Sondern was Gottesrechte nützt.

Deutschlands gedeihlicher Boden,
Für den Pantheismus zumal.
Religion größte Denker erhoben,
Besten Künstlern steht zur Wahl.

Dem Deismus sind entwachsen,
Frei vom donnernden Tyrann.
Mündig ohne dürftige Faxen,
Noch im väterlichen Bann.

So wie bis Luther, Theologie,
In lateinischer Sprache verfasst.
Sich Christian Wolf die Philosophie, (*1679 Breslau +1734 Halle)
Auf deutsches Wort einlasst.

Doch zu sehr hat stilisiert,
Den Leibnitz-monadischen Geist.
Zur Systematik hinführt,
Auf Dogmatik nur hinweist.

Einst Johannes Tauler zwar, (+1361)
Zu Straßburg hat gesprochen.
In demütiger Volkssprach,
Das Menschenherz getroffen.

Theophrastus Paracelsus auch,
Sei hierbei noch zu bekennen.
Bei seinem Natur-Gebrauch,
In Muttersprache zu nennen.

Doch Theologie ward gelehrt,
Mit wortglaubender Art.
Exegese wurde verwehrt,
Noch Kirchengeschichte gewahrt.

Seitdem Religion Hilfe sucht,
Bei der neuen Philosophie.
Jugend noch Erneuerung bucht,
Statt Christentum, Moraltheologie.

Christus hört auf ein Gott zu sein,
Doch Jesuanisch hochverehrt.
Sein Charakter wahr und rein,
Aller Wunder sind ihm verwehrt.

In der Kirchengeschichte verwickelt,
Streitigkeit unter Protestanten ward.
Spitzfindiges Gezänk aufrüttelt,
Wie einst nach Byzantiner Art.

“Die allgemeine deutsche Bibliothek”,
So hieß die Zeitschrift von Nicolai.
Hieb Aberglaube auch Poesie weg,
Auch von aller Tradition macht frei.

Wie Mendelsohn den Talmud stürzt,
So Luther einstmal den Papst.
Gleichsam dem dorngekrönten Fürst,
Siegt über heidnischrömische Last.

Ein neuer Mann musst auferstehn,
In Kritik und polemischer Weise.
Religion sowie Kunst untergehn,
Durch Hohn, scharfsinnig Beweise.

Selbst Goethe in die Schranken weist,
Den weichlich, schwärmend "Werther".
Was Verstand und Vernunft gleicht,
Denn nur solches wahrlich ehrt er.

Lessing ist der bedeutend Prophet,
In seinem "Natan der Weise".
Auf den Deismus alleine eingeht,
Gegen jeden Buchstaben streite.

Wie einst gegen alte Tradition,
So wird letzte Hürde erobert.
Die Wirklichkeit alleine ihr Lohn,
Danach jede Wahrheit lodert.

Nachem Luther von Tradition befreit,
Die Bibel zur einzig Quelle erhebt.
Zum starren Wortdienst ist bereit,
Lessing dem Buchstaben töt.

Auf die letzte christlich Hürde weist,
Diese Hülle fest zertrete.
Gebäre erst den wahren Geist,
Was Jesus selber lehrte.

Von dieser Katastroph' bericht,
Wenn auch mit entsetzlich Mitleid.
Wie aus liebevoller Vatersicht,
Der allgemeinen Menschlichkeit.
Dornengekrönt am Kreuz bereit,
Weltbeglückender Philanthrop erlicht.

Von Kant bis Hegel (1834)

Die Kritik der reinen Vernunft,
Sein Hauptwerk weltbekannt.
Vermeidet jegliche Kunst,
Die bei Philiosophen genannt.

Sein Stil ist grau und trocken,
In steif, abstrakter Form.
Mathematik muss stocken,
Als Kartenhaus gebor'n.

Doch seine kleinen Schriften,
Erfüllt von geistvoll Witz.
Erheben in die Lüften,
Durch sein Gedankenstütz.

Denn ohne diese Idee,
Einem Weinstock gleich.
Daran windet in die Höh',
Krümmt sich am Erdenreich.

Vor Kant schon wurde nachgedacht,
Den Ursprung zu erkennen.
Doch ihre Grenzen nicht bewacht,
A priori und a posteriori nennen.

Wer vor nutzlos Wegen warnt,
Leistet ebenso großen Dienst.
Wie der rechte Wege bahnt,
Und wären sie gar die kühnst.

Zwischen Dingen unterscheidet,
Als Phänomene so genannt.
Die Noumena sogar vermeidet,
Weil diese bleiben unbekannt.

So Gott ein Noumen sei,
Ihn zu beweisen spekulativ.
Praktische Vernunft dabei,
Nach Glück jeder sehnet sich.

Unter Kant's Schüler ragt hervor,
Philosoph Johann Gottlieb Fichte.
Gedanken und Gesinnung erkor,
Wahrer Charakter zu Gesichte.

In seiner "Wissenschaftslehre",
Bringt das "Ich" die Welt hervor.
Dass Geistesfülle sich mehre,
Bis "das All" ist neu gebor.

Nicht der Mensch selber denkt,
Sondern allgemeines Welt-Ich.
Was tiefsten Geist erst lenkt,
Erkenne sogar darin mich.

In späteren Schriften sogar lesen,
"Die Bestimmung des Menschen".
"Anweisung zum seligen Leben",
Gedanken zum Ewigen hinlenken.

Denn es gäbe nur das ein Wesen,
Das Ich, als das Absolute.
Aus Geist und Materie bestehen,
So auch Schelling ist zumute.

Nur umgekehrt dieser begann,
vom Realen zum Idealen.
Die Naturphilosophie gewann,
Als Umkehrung Fichtes sahen.

In seiner bedeutendsten Schrift, (1804)
Über "Philosophie und Religion".
Weder Geist noch Materie ist,
Sondern in der Identität davon.

Nach dieser kategorischen Formel,
Eine hypothetische aufstellt.
Wenn Subjekt und Objekt geborgen,
Absolutes als Gleichheit gesellt.

Seine disjunktive Meinung,
Ein Sein nur dann besteht.
Denken und Ausdehnung,
Auf Spinoza nun zurückgeht.

Wie Kant nach seiner Kritik,
Praktische Vernunft anbiet.
Fichte und Schelling erblick',
Zur Kirche kehr'n zurück.

Größten der Philosophen gar,
Seit Leibnitz hervorgebracht.
Ist Georg W.Fr. Hegel zwar,
Hat deutschen Geist gemacht.

[Im Mittelpunkt das Absolute steht,
Als subjektiver Geist dieses wohn.
Und objektiv in jedem Volke weht,
Absolut in Kunst,Philosophie,Religion.

Durch Methode dieses find,
Als These und Antithese.
Beides zugleich verbind,
Ergibt die neue Synthese.]

Die romantische Schule (1833)

Die Ursache wird besprochen,
Wie's zur Romantik kam.
Aus welchem Schoß gekrochen,
Voll Herzenslust ohn' Gram.

Die klassische Kunst war endlich,
Der Idee des Künstlers gleich.
Die romantische aber ewiglich,
Mystisch und rätselhaft reich.

Die Linde in ihren Liedern,
Das ist ihr Lieblingsbaum.
Im Schatten kosen wieder,
Das Blatt ihr Herzenstraum.

Des Knaben Wunderhorn ganz,
Enthält fein, süß Melodie.
Zu Straßburg auf der Schanz,
Muss klagen in der Früh.

Mondschein in seiner Fülle,
Silbern glänzend in der Nacht.
Die Seel' überkommt in Stille,
Und Sehnsucht ward entfacht.

Wenn ich ein Vöglein wär,
Und auch zwei Flügel hätt.
Flög' hin zu dir.
Weil's aber nicht kann sein,
Bleib ich allhier.

Mittelalterlich' Rittersagen,
Ruinen hart, fest in Stein.
Uhland tat dazu einladen,
O wunderschöner Rhein.

Ich weiß nicht was soll es bedeuten,
Dass ich so traurig bin.
Ein Märchen aus uralten Zeiten,
Das kommt mir nicht aus dem Sinn.

So Heinrich Heine singt,
Von der Loreley angetan.
Melancholisch tief gestimmt,
Zur Heimkehr sich besann.

Nicht ein Goethe allumfassend,
Griechische Gestalten und Spur.
Auf dem Olymp sich niederlassend,
Wie Zeus es einst tat nur.

August Wilhelm Schlegel zwar,
Das Althochdeutsche lieb.
Zum Sanskrit sich findet gar,
Und dicht' ein neues Lied.

Sein Bruder Friedrich hat,
Noch weit ihn übertroffen.
Seine Innigkeit gestatt',
Auf zarte Minne hoffen.

Doch Ludwig Tieck überrag',
Ihn sehr weit als ein Poet.
Doch seine satirisch Gab',
Durch alle Werke weht.

Brentano gehört das Lob,
Des Knaben Wunderhorn.
Der Romantik doch anbot,
Entfacht das Gemüt von vorn.

Ludwig Achim ein Gewinn,
Zumal in melodischer Zeit.
Ergründet tiefsten Sinn,
Doch für's Leben nicht bereit.

Lessing der literarisch Arminius,
Das Theater von Fremdem befreit.
Sowohl vom griechischen Einfluss,
Auch sonst aller unnützer Zeit.

Die “Hamburgische Dramaturgie”,
Und auch sein “Laokoon”.
Geht über Grenzen der Poesie,
und verwandelt diese schon.

Durch Herder wird’s noch lichter,
von Literaturgeschichte geehrt.
Mit erhabenen Gesichter,
Wovon überaus belehrt.

August Wilhelm Schlegel,
Den Shakespeare übersetzt.
Zu sehr glättet die Segel,
Und gradlinig Worte verletzt.

Voß mit bäuerlicher Kraft,
Wie Marmorblöcke baut.
Zu sehr wurden zur Last,
Und gellend überlaut.

Wohl Goethes letztes Werk,
Nach Faust ist sehr bekannt.
“West-östlich Divan” merk,
Vom Orient voll entflammt.

Morgenländisch Düfte,
Sinnenhaft durchdringt.
Schwebend in die Lüfte,
Meeresrauschen klingt.

Selbst Schiller nicht besteht,
Vor Goethes hohem Thron.
Sogar auf die Knie geht,
Wie vor Zeus jeder schon.

Elementargeister und Dämonen (1834)

Romantik sammelt die Überreste,
Der alten germanisch Religion.
Auf jedes Brot zum Beste,
Druidenzeichen darauf wohn.

Paracelsus von Hohenheim, (1493-1541)
Elementargeister erwähnt.
Als Geschöpfe Gottes sein,
Nach vier Elementen zählt.

Von Kobolden sich unterscheiden,
Nicht Gespenster Verstorbener sind.
Wichtelmänner, Zwerge heißen,
Tief in den Bergen sich befind.

Gold und Silber sammeln,
Metalle, Edelsteine fein.
In alten Sagen stammeln,
Schlüpfen in jedes Loch hinein.

Sehr reich die Zwerge sind,
Doch die Riesen arm sogar.
Ganz fröhlich wie ein Kind,
Und nehmen alles wahr.

Die Wichtel christlich find,
Meint eine dänisch Ballade.
Die Riesen heidnisch gesinnt,
Klein Mimmering das sage.

Bis auf die Erde Mäntlein tragen,
Dass niemand sieht die Füß.
Ein Hirt das wollt erfragen,
Streut Asche auf die Wies.

Am andern Morgen gewahrt,
Unterm hohen Kirschenbaum.
Kleine Gänsefüßchen zart,
Auf dem Boden war'n zu schaun.

Auch rote Mützchen tragen,
Wodurch unsichtbar werden.
Tarnkappe noch dazu sagen,
Zu sehen nicht auf Erden.

Nicht nur in Volkssagen gelten,
Bei Wielands Oberon zu sehen.
Unterscheiden sich von Elfen,
Wie im Sommertraum gewesen.

Der Glaube an die Elfen,
Wohl keltischen Ursprung hat.
Doch Deutschlands Elben,
Mit Bösem zu buhlen wagt.

Luftgeister erzählen vom Taumgesicht,
Verlocken zum Tanzen und Reigen.
Das Süßeste was dich je gelüst,
Werden dem Jüngling zeigen.

So zart diese auch aussehn,
Spuren hinterlassen im Rasen.
Elfenringe zusammengehn,
Das ist ihr seltsamer Namen.

Nixen den Elfen wohl ähnlich,
Bei Teichen und Bächen find.
Weiße Kleider tragen gewöhnlich,
Mit eiskalter Hand geschwind.

Geheimnisvoll sind die Nixen,
Traumhaft lustig die Elfen.
Mit ihrem Fischschweif knicksen,
Rasch durch die Lüfte stelzen.

Verschiedene Gestalten annehmen,
Selbst Meerbischöfe gefunden.
Die sich auf die Lauer legen,
Mit dem Meere sind verbunden.

Einst hat sich zugetragen,
An König Hother von Dänemark.
Im Wald zu Pferd tat jagen,
Dichter Nebel um ihn ward.

Drei Jungfern ihm gegenüber,
Mit Namen ihn sprachen an.
Erschrocken fiel gleich nieder,
Wusst nicht wie ihm geschah.

Wir sind die weiblich Wesen,
Jeden Kampf im Krieg bestimm'.
Den Feind zu Boden legen,
Dem Freund zum Siege führ'n .

Hochheilig ihm versprachen,
Das sei sein großer Gewinn.
Nach Hause kann nun traben,
Sein Glück für ihn beginn.

Walküren war'n gar Nornen,
Die Pazen nordischer Art.
Das Glück schenken Morgen,
Vor Unheil ihn bewahrt.

Auch Kindern wird erzählt,
Wer eine Glückshaut hätt'.
Nichts im Leben jemals quält,
Aus Not und vor Tod gerett.

Der griechische Held nennt,
Das goldene Flies als Wort.
Die deutsche Sage bekennt,
Verborgenen Nibelungenhort

Doch nicht nach dem Gold,
Sondern Glück ist letztes Ziel.
Und sei es noch so hold,
Doch niemals mit ihm spiel.

Johannes Prätorius nennt Jüngst Gericht,
Im Jahre 1666 zu Magdeburg es war.
Wunderliches hat darin bericht,
Aberglaube in Kraut und Rüben zwar.

Schwanenjungfern beschreibt,
Weibliche Wesen der Lüften.
Mit weißen Flügeln beiseit,
Die Schlacht ansagen müssten.

Wundersames als Sage vom Wispertal,
Unweit Lorch gelegen am Rhein.
Was dort gescheh'n vor Augen sah,
Pst, pst, kannst spüren beim Wein.

Drei junge Gesellen dort wandern,
Der Ältere Schwertfeger war.
Ruft laut dem einen und andern,
Hört Stimmen von Weibern sogar.

Wohl Häßliche, da sich nicht zeigen,
Herausfordernd blickt umher.
Drei wunderschön Jungfern sich neigen,
Sein Herz hoch hüpft gar sehr.

Zum Schloss wurden eingeladen,
Von mühsamer Reis' sich erhol.
Zu sprechen keiner wollt wagen,
Umschauten sich ganz verstohl.

Von allen Seiten Pracht glänzte,
Die Jungfraun gaben köstliches Mahl.
Silberne Pokale kredenzten,
Goldschimmernden Wein zumal.

Immer freundlicher zueinander lachten,
Überglücklich im festlichen Saal.
Holde Jugend verschämt betrachten,
Mädchen zart freundlich zur Wahl.

Schworen tausend treue Worte,
Vergaßen die Holden nie.
Gelobten bei Wein und Torte,
Bis morgens in der Früh.

Doch wenn mit uns leben wollt,
Die liebreizend Mädchen mögen.
Mit vielen, vielen Küssen gezollt,
Ein Rätsel erst müssen lösen.

Wenn habt im Walde gehört,
Den Gesang von Spatz, Elster, Eule.
Und über den Sinn seid belehrt,
Erst dann erhält alle Freude.

Es sind mal drei dumme Hänse,
Ins Schlaraffenland gezogen.
Da kamen die gebratenen Gänse,
Ihnen gerade vor's Maul geflogen.

Sie aber sprachen: Die armen Schlaraffen,
Wissen doch nichts Gescheites zu schaffen.
Die Gänse müssten viel kleiner sein,
Sie gehen uns nicht ins Maul hinein.

So zwitschert der Spatz ganz munter,
Ja, ja, der Älteste wohl verstand.
Wenn Dummheit ist noch bunter,
Durch's Gestrüpp wieder verschwand.

Kamen zu einem prächtigen Baum,
Darauf eine Elster hin und her sprang.
Und folgenden Spruch dazu raun,
Meinen Mutter war Elster und Großmutter,
Meine Urgroßmutter und Ururgroßmutter.
Das ein jeder weiß und kann.

In einer Höhlung eine Eule saß,
Und Worte vor sich gurrte.
Wer mit einem Weibe sprach,
Einmal wird belogen.
Wer mit zwei Weibern sprach,
Zweimal wird belogen.
Wer mit drei Weibern sprach,
Dreimal wird belogen.
Auf diese Weisheit murrte.

Zurück zum Schloss gewesen,
Drei Fenster öffnen sich.
Drei alte Weibsleut sehen,
Greis, zahlnlos, häßlich glich.

Reisaus sind nun entkommen,
Hals über Kopf machten lange Bein.
Als sie das Gekreisch vernommen,
Den Schrecken versoffen mit Wein.

Der Ältest flucht hoch und teuer,
Die Eule klügster Vogel weit und breit.
Ihm war es schier ungeheuer,
Mit Recht ein Sinnbild der Weisheit.

Die feurigen Männer bei Nacht,
Sind keine Elementargeister.
Zu Gespenstern gemacht,
Nur darauf hinweist er.

Es ist ein Wesen kalter Natur,
Im Feuer sich behaglich fühlt.
Verschieden in seiner Statur,
Mit Bösem sein Sinnen spielt.

Der Teufel ein Logiker wohl,
Faust sich mit ihm verband.
Erfährt Genuss und Hohn,
Weil Böses nicht erkannt.

Seine Gestalt keiner kennt,
Dem Augenblick passt sich an.
Den Goethe im Faust benennt,
Weil am besten dichten kann.

Mit einem Bock wird verglichen,
Mutter und Großmutter hätt'.
Als Schwarzer käm geschlichen,
Mit Hinterlist nur Böses sät.

In aller großer Weltliteratur,
Vier Gestalten sind genannt.
Jesus Christ und Teufels Spur,
Tod und ewger Jud' bekannt.

Das Helle mit der Erlösung,
Das Dunkle verbind mit Bösen.
Der Tod und die Zerstörung,
Nur menschlich ist zu lösen.

Christus und Teufel genannt,
Tod und ew'ger Jude Lohn.
Als Gegensatz bekannt,
Zerstörung und Menschensohn.

Faustfabel (1851)

Nicht die Legende des Theophilus,
Bischof von Adama in Sizilien.
Sondern ein angelsächsisch Buch,
Frankreich und Deutschland lieben.

Der Held ein ruchloser Rebell,
Auflehnt gen Himmel und Erde.
Verführt vom Teufelgesell,
Ihm irdische Güter werde.

Doch der Gottesmutter Gnad,
In der Hölle den Packt holt.
Den Zauberspuck vergrab,
Und ewige Erlösung anbot.

Das Mysterium verflacht,
Zur minderen Hanswurstiade.
Halslaut darüber belacht,
Ohne jede bohrende Frage.

Der Ursprung nicht genannt,
Woher und von welchem Vater.
Abraham, Isaak, Jakob verstand,
Noch wer der erste Berater.

Helgoland (1 Julius 1830)

Am besten mich zügele,
Wenn Wolken betrachte.
Wortzauber erklügele,
Und Märchenwelt beachte.

Doch politisch Analen,
Gebe selbst heraus.
Zeitintressende Fragen,
Leidenschaft wiegle auf.

Dem armen deutschen Michel,
Zupfe ständig an der Nas.
Seinen Riesenschlaf stichel,
Ausstrecket sich im Gras.

Helgoland (8.Julius)

Gestern Sonntag war,
Bleierne Langweile.
Das Haupt eindrückt gar,
Verzweifelt zur Bibel eile.

Obschon ein heimlicher Helene,
Das Buch mich hat erbaut.
Nicht Kunst nach der mich sehne,
Weltschöpfung hab geschaut.

Juden soll'n sich trösten,
Tempel, Bundeslade verlor.
"Das Volk des Buches lesen,
Worin der eine Gott gebor.

Darüber liegen gebeugt,
Jagd der Zeit entrückt.
Das Volk den Geist erzeugt,
Vom Absoluten entzückt.

Nicht buntgefärbte Hieroglyphen,
Wie die Ägypter pflegen.
Phönizier Astarte versüßen,
Babylonier die Sünderin hegen.

Griechenland, Heimat der Kunst,
Moses baut schroffe Zermonie.
Mit schützender Dornengunst,
Eigene Nationalität verlieh.

Die Juden haben gewahrt,
Vorneigung für das Abstrakte.
Materie zu Geist gepaart,
Bis in's Unendliche rankte.

Jesus Christus riss nieder,
Das alte Zermoniengesetz.
Alle Völker vereinigte wieder,
Zur Teilnahm am Volke jetz'.

Allen Menschen Bürgerrechte gab,
Großmütige Erlösung schenkte.
Mit kostbarem Blut bis zum Grab,
Vom Magistrat wurde versenkt.

Wann endlich Harmonie tritt ein,
Die Seele mit Körper verbind.
Politik und Kunst muss sein,
Napoleon und Goethe gesinnt.

Helgoland (18.Julius)

Erstes Buch Moses gelesen,
Lange Karawanen waren.
In heiliger Vorwelt gewesen,
Hintereinander sich scharen.

Kamele gehen weiter voran,
Auf ihren hohen Rücken.
Verschleierte Rose von Kanaan,
Verschämte Blicke entzücken.

Fromme Viehhierten treiben,
Ochsen und Kühe und Schafe daher.
Hochragende Berge sich zeigen,
Heiße Sandflächen wie glänzend Meer.

Nur hie und da sind Palmen,
Zur Kühlung und Rast einlad.
Die Knechte Brunnen graben,
Wunderschönes Morgenland.

Wie lieblich ruht sich in Zelten,
Wie Laban möchte weiden.
Täglich Jakobs Herden melken,
Sieben Jahre um Rachel leiden.

Noch sieben für die Lea,
Die mir zum Kauf anbietest.
Das immer wollt sogar,
Wenn tief von Herzen liebtest.

Ich höre die Schafe blöken,
Jakob den runden Stab vorhält.
Wie sie zur Tränke gehen,
Und die Gesprenkelten zählt.

Ruben kommt schon nach Haus,
Bringt der Mutter Judaim mit.
Veilchenblumen einen Strauß,
Den auf dem Felde gepflückt.

Rahel verlangt die Judaim,
Und Lea gibt gleich sie hin.
Mit herausforderndem Sinn,
Nächste Nacht zu Jakob ging.

Unter dem harten Gestein,
Zartest Sittlichkeit duftet.
Weder religiös zu sein,
Noch politisch schuftet.

Denn wahre Sittlichkeit,
Von Dogma und Gesetz befreit.
Verschiedene Sitten zur Zeit,
Doch nur eine Menschlichkeit.

Gutes und Böses verbuche,
Seit je, habe gründlich bedacht.
In der Bibel es stündlich suche,
So das Heilige oft betracht.

Zieh' deine Schuhe aus,
Dein Fuß Heiliges betritt.
Aus dieser Nähe schau's,
Dein Herz so sehr auch litt.

Welch großes Drama die Passion,
Durch Prophezeiung vorausgesagt.
Ein Heiland auferstanden schon,
Nichts Kreuz noch Tod vermag.

Moses zwar stets sein Volk liebt,
Wie eine fürsorgende Mutter.
Doch Christus den Menschen dient,
Mit linderndem Balsam tut er.

Welch Heilmittel für alle Leiden,
Sein Blut auf Golgotha floss.
Die griechischen Götter weichen,
Selbst Pan zu Tode kroch.

Helgoland (29.Julius)

Hab' die Bibel aufgeschlagen,
Das Wort gleicht der Natur.
Wie Baum, Meer und Tagen,
Der Mensch darin erfuhr.

Das sprosst, fließt und lächelt,
Weiß nicht warum und wie.
Gottes Wort uns zufächelt,
Weder Menschenwitz, Genie.

Homer stellt dar die Kunst,
Die Bibel Wirkliches weist.
Nicht poetisch Gebilde, Gunst,
Sondern den absoluten Geist.

Nur Shakespeare verbind,
Poesie mit Wirklichkeit.
Alle Elemente gewinnt,
Mit Geist zu jeder Zeit.

Helgoland (1.August)

Das süße Leben behagt,
Kein Tagesblatt besetze.
Heidnisch Hexen zugesagt,
Aus deren Urgrund schöpfe.

Mit dem Meer bin versöhnt,
Philosophie häng an den Nagel.
Natur mich ganz verwöhnt,
Wiegend Wellen ohne Tadel.

Das vorwärtsschreitende Meer,
Gebannt will lange schauen.
Und zurückfließt hin und her,
Mich kann daran erbauen.

Einsam wandel am Strand,
In später Abenddämmerung.
Feierliche Stimmung fand,
Des Himmels hohe Wölbung.

Gleicht Kuppel, einem Dome,
Umstrahlt vom Sternenzelt.
Wasserrauschend Woge,
Umfasst die weite Welt.

Helgoland (6.August)

Langobardens Heer einst kämpft,
König Herulet beim Schach.
Bedroht wer Niederlage sendt,
Nur siegen, siegen rasch.

Unglücklicher König und Volk,
Die Schlacht ward bald verloren.
Dahin Reichtum und Gold,
Dem ew'gen Tode verschworen.

Ein Zeitungspaket kam an,
Mit glühenden Neuigkeiten.
Strahlen der Freiheit gewann,
Von der Seine tat verbreiten.

Wie berauscht davon bin,
Möcht alle Welt umschlingen.
Schachspiel hat keinen Sinn,
Neues Leben wird beginnen.

Es ist mir wie ein Traum,
Sagen frühester Kindheit.
Nach Paris muss bald schaun,
Die zehn Gebote der Freiheit.

Von Amerika die Menschenrechte,
Laut verkündet für alle Welt.
Freiheit dem Menschengeschlechte,
Pan ist tot! hat endlich gewählt.

Helgoland (10.August)

Dreifarbige Fahne gedungen,
Flatternd im Wind vom Turm.
Marseillaise froh gesungen,
Im wildverwegenen Sturm.

Gedanken lichterloh brennen,
Den Kopf in die See tauche.
Alle Wasser davon wenden,
Mich berausche, berausche.

Pakete Zeitungen sind gekommen,
Wie süßes Manna rasch verschling.
Die armen Leute haben gewonnen,
Schlaflose Nächte verbring.

Cuxhafen (19.August)

Unangenehme Überfahrt,
In einem offenen Kahn.
Gegen Wind und Wetter ward,
Ungemach hält mich in Bann.

Schwindel in dem Kopf,
Mit fabelbunten Lichter.
Aus dunklem Meerestopf,
Dämonen, düst're Gesichter.

Fratzenbilder droben,
Dichte Wolken drängen.
Wellenschäume toben,
Ins Ohr pfeifend senden.

Seekrank mich erfasst,
Mit üblem Missempfinden.
Fieber wird zur Last,
Katzenjammer winseln.

O Ninive untergehen wirst,
Mein Bauchredner zuckt.
Gedärme verwickeln müsst,
Den Propheten Jonas spuckt.

Im Gasthof angekommen,
Thee wird schnell gereicht.
Gerne zu mir genommen,
Übelkeit rasch von mir weicht.

Schiffskapitäne schreiten,
Am Strande hin und her.
Auf neue Fahrt bereiten,
Der Abschied fällt gar schwer.

Die große Tat der Franzosen,
Selbst in Hamburg wird gefeiert.
Mit großer Freude und Tosen,
Hoch Vaterlandslieder leiert.

Heinrich Heines "Geständnisse"

Einführung

Blieb selbst im höchsten Grade,
Wohl nie genau gewusst.
Doch tief im Herzen trage,
Was meine größte Lust.

Unendlich Sehnsucht schaute,
Nach blauer Blume fein.
Ergreif bezaubernd Laute,
Und nicht mehr bin allein.

Es ist das letzte Lied,
Innig "Waldmelodei".
Mir ew'gen Frieden gib,
Fühl' mich nun froh und frei.

Doch niemand ist gelungen,
Selbst Augustinus nicht.
Als Bischof sich besungen,
Aus frommer, christlich Sicht.

Kein Eigenlob

Nicht nach Genfers Rousseau,
Die Wahrheit nennt Natur.
Ganz abgründig kennt es so,
Verunglimpfen tut er nur.

Beispielsweise braven Grimm,
Eigene Kinder fortgeschickt.
Menschlicher Kulturunsinn,
Die Welt verkehrt erblickt.

Sein Selbstbildnis ist Lüge,
Bewundernd ausgeführt.
Wie eine tote Fliege,
Die sich nicht mehr rührt.

Der Negerkönig Aschantis,
Von dem soeben hört.
Sich abbilden las ich,
Sehr ehrlich sich bewährt.

Als fertig sein Portrait,
Kleinlaut bringt hervor.
In weiß es gerne säh,
Denn so sei er gebor.

Erinnerung an Frau Staél,
Aufdringlich Napoleon sich rächt.
Im Bade sich ihr empfehl,
Das Genie hätt' kein Geschlecht.

Einst ihm die Frage stellt,
Welche Frau die größte sei.
Viele Kinder bringt zur Welt,
Alles andre sei einerlei.

Ihre Meinung wer größter Mann,
Der meiste Bücher verfasst.
Das gab sie ständig an,
Und alle anderen hasst.

Den Kaiser hat verdrossen,
Durch weiblich Nadelstich.
Viel mehr wie hart geschossen,
Doch rächen kann sich nicht.

Zum männlichen Kämpfen,
Gehört ein fester Streich.
Das Gemüt sich kann dämpfen,
Sein Ziel nur so erreich.

Zu den interessanten Figuren,
Görres, Jahn und Arndt waren.
Die alle nach Paris fuhren,
Als Menschenfresser sich gebaren.

Menzel der Franzosenfeind,
In Stuttgart lebt und wirkt.
Mit Haut und Haaren verspeist,
Nach einem Juden dürst.

Schlegel von Abraham stammt,
Synagoge und Luther abschwört.
Im Journal "Le catholique" genannt,
In den Schoß der Kirche kehrt.

Von Budda sprach hingebend,
Wies nach sogar die Trinität.
Aus der Mahabarata erwähnend.
Mit synodalgezierter Gravität.

Chateaubriand von der Pilgerfahrt,
Bracht Jordanwasser mit.
Tauft heidnisch gewordene Saat,
Franzosen werden Christ.

Reich des Himmels erhielten,
Die Eroberung eingebüßt.
In den Rheinlanden blieben,
Als Preuße ward versüßt.

Lebenslauf

Geboren im vorigen Jahrhundert,
Es war das allerletzte Jahr.
Zu Düsseldorf bewundert,
Im Herzogtum Berg fürwahr.

Das an Napoleon fiel zurück,
Seitdem ist mein Souverän.
Nach Paris ging mein Blick,
Zur Weltstadt an der Seine.

Der Himmel hing voller Geigen,
"En avant, marchons" gesungen.
Brüder sich einander weihen,
In Freiheit und Gleichheit gefunden.

In Sant-Denis bin aufgewacht,
Aus süßem Morgenschlaf.
O Paris, Paris nun lacht,
Dem Dichter zu ganz brav.

Geschmackvoll Leute aufgeputzt,
Alle hochfranzösich sprechen,
Höflich die Männer es genutzt,
Schöne Frauen lieblich lächeln.

Liberté, egalité überstrichen,
Schnell Flitterwochen vergehn.
Fühl mich ganz hingerissen,
Die berühmte Stadt zu sehn.

Besuchte reichlich Restaurants,
Die mir so sehr empfohlen.
Gar viele Schmeichelei fands,
Meine Seele hoch erhoben.

Nicht wie deutsche Offenheit,
Widerwärtige Dinge gesagt.
Stets galant und hilfsbereit,
Und niemand hat geklagt.

Ich wandelte wie auf Blumen,
Gebratene Tauben flogen ins Maul.
Vieltausend Amüsantes tuen,
Oftmals reitete gern den Gaul.

Zum Pantheon will durchfragen,
Nur Republikaner weit und breit.
Alle übergroße Filzhüte tragen,
Weste nach Robespierres Kleid.

Mein Herr sie werden weit kommen,
Mademoiselle mich weich umgirrt.
In meiner Gelehrtheit sich sonnen,
Nur durch Frauen sich Rum erwibt.

Das Neue ist ein Zaubertrank,
Auf jeden Deutschen wirkt.
Wird die Seele noch so krank,
Wenn schlechte Speise birgt.

Was deutsche Philosophie betrifft,
Ward geglaubt ein mystischer Ort.
Worin sich Gottheiten bespricht,
In heiliger Wolkenburg verborg.

Philosophen seien ekstatische Seher,
Atmen Frömmigkeit und Gottesfurcht.
Doch tatsächliche Atheismusgeher,
Die nur die Notwendigkeit bedurft.

Voltair würden verbrennen lassen,
Weil im Herzen ein echter Deist.
Überreden wollen alle Massen,
Dass Gott überhaupt nichtmehr ist.

Als Atheismus schließlich anfing,
Nach Käse, Branntwein stinkt.
Und Tabakwolken größter Sinn,
Mir Missbehagen, Ekel bringt.

Meine innere, geheime Angst,
Besteht für Kunst und Wissen.
Um viele Jahrhunderte bangst,
Dem Pöbel hinopfern müssen.

O armes Volk, König in Lumpen,
Vom Schmutz dich säubern musst,
In tiefe Bosheit bist versunken,
Weil hungern tagtäglich tust.

Im weltlich Paris wie in Jerusalem,
Wenn das Volk trifft seine Wahl.
Der brave Mann wird untergehn,
Für Barabas steht die Zahl.

Der liebe Gott alle Frevel verzeiht,
Wenn in Demut Schuld bekennst.
Dir ein beglückendes Herz verleiht,
Wenn dich bald zum Guten wend'st.

Von Weitlich, der jetzt verschollen,
Ein Mensch von großem Talent.
"Garantien der Gesellschaft" quollen,
Kommunistischen Katechismus nennt.

Diese Kohorten der Zerstörung,
Saboteure von jeglicher Art.
Böse Gesellschaftsempörung,
Gleichmacher, Umwälzer ward.

Wie schwer das Verständis Hegel,
Vorgibt Gott auf Erden zu sein.
Gemahnt mich wie ein Flegel,
Ohne Kopf und ohne Gebein.

Dieser Rolle in Anstand zu spielen,
Gehören Geld und Gesundheit an.
Doch beides mir gleich entfielen,
Im Februar 1848 mich neu besann.

Denn die Weisheit der Klügsten,
Wurden zu Schanden gemacht.
Die Auserwählten des Blödsinns,
Auf den Schild zu heben gebracht.

So kehrte ich gerne zurück,
In die Hürde der Gottesgeschöpfe.
Huldigte der Allmacht Blick,
Und nur darauf hoffen möchte.

Dessen Budget unermesslich ist,
Wie auch seine große Güte.
Die niemanden je vergisst,
Und auch ständig uns behüte.

In nächtlichen Stunden voll Pein,
Bewegt zu Gott kann nun beten.
Brauch nimmer verlassen zu sein,
Tief getröstet kann weiter leben.

Der Türhüter Hegel'scher Schule,
Grimmiger Ruge behauptet fest.
Im tönend Hallischen Jahrbuche,
Mich totgeschlagen hätte zum best.

Derzeit frisch, froh und gesund,
Auf dem Boulevard Paris spazier'.
Nicht wie ein verstoßener Hund,
Wie eine Persönlichkeit gerier.

Doch einige Jahre später erfuhr,
Leiblich und geistige Wandlung,
Wie bei Nebukadnezar die Spur,
Nach seiner spöttischen Handlung.

Im Buch Daniel steht die Legende,
Die Marx und Feuerbach trifft.
Auch Bauer und Hengstbergs Ende,
Sich gottlosteuflichst vergift.

Wiedererweckung, religiöses Gefühl,
Verdanke dem heiligen Buch.
Mir als Quelle des Heiles gab viel,
Wonach oft so dürstend such.

Wie über den Werkmeister doch,
Auch das gelungene Werk.
Hinlänglich ehrfürchtig gesproch,
Gemessen nach Hellas Wert.

Griechen nun sehe als Jünglinge,
Aber Juden waren Männer.
Die ersteren für schöne Dinge,
Letztere als streitende Kämpfer.

Unbeugsam für Gott und Gesetz,
Nicht wie altes ägyptisch Kolossal.
Statt Pyramiden, Obelisk so schätz,
Dem Unendlichen gaben die Wahl.

Lutherscher Glaubensform zu danken,
Nach meiner jetzigen Einsicht.
Verdienste der Freiheit ohn' Schranken,
Reuschlin den Schlüssel belicht.

Denn hebräisch ist der Zugang,
Zum Weltbuch erst hinführt.
Nur wenn dieser recht gelang,
In der Seele wird angerührt.

Die Bibel verbreitet in aller Welt,
Das Wort endlich Weite fand.
Durch die Bibelgesellschaft erhält,
Ihr sei der allergrößte Dank.

Auch der Sinn für Kirchliches erwacht,
Obschon Dogma und Kult weit fern.
Meinen hätte ein Kirchenlied bracht,
Als nach Saint-Suplice ging gern.

Um mit meiner katholischen Gattin,
Der Ehezermonie zu unterziehen.
Absolution der Beichte Gewinn,
Im glücklichen Frieden zu liegen.

Als Metaphysiker Bewunderung zolle,
Der Bastion großrömischer Kirche.
Die kein Handlanger jemals einhole,
Noch irgendwer jeweils befürchte.

Als Dichter überwältigter Jugend,
Gepriesen hab' die Himmelskönigin.
Ob ihrer hochgebenedeiten Tugend,
Ihre göttliche Huld und Güte im Sinn.

Nach dem wahren Priesterstand,
Blicke gern in Vergangenes zurück.
Deren Verdienste überaus vorfand,
Katholische Geistliche mein Glück.

In Düsselsdorfs Unterrichtsanstalt,
In lateinischer Sprache geschrieben.
"Christomatien" von Jesuiten gehalt,
Viel Wissen ist hängen geblieben.

Denn welch glücklich Sterblicher,
Als römischer Abbate darf dienen.
Nicht nur der Kirche Christlicher,
Auch Apoll und Muse kann lieben.

Der Schreiber dieser Blätter,
Hätte ganz das Zeug dazu.
Für Chronik und Erretter,
Es gelänge ihm im Nu.

Denn darin ist gesichtet,
Alle Leute hätten mitgesungen.
Was ein Kleriker gedichtet,
Tief ins Menschenherz gedrungen.

Schluss

Habe zusammengefasst,
Und manches übergangen.
Was ihm gelegt zur Last,
Wir bleiben doch befangen.

Denn jede hohe Kunst,
Die ein Dichter beschrieben.
Mit seelischer Inbrunst,
Ihn deshalb müssen lieben.

Rudolf Gerber

Grimms Märchen in Gedicht, Band I, 2001, 184 Seiten
Grimms Märchen in Gedicht, Band II, 2001, 178 Seiten
Grimms Märchen in Gedicht, Band III, 2001, ISBN 3-8311-2839-1, 254 Seiten
Geschichte & Gesichte, 2001, ISBN 3-8311-2537-6, 88 Seiten
Philosophisches und Politisches in Gedicht, 2001, ISBN 3-8311-2699-2, 56 Seiten
Mystik, 2001, 84 Seiten
Geistige Strukturen, 2001, ISBN 3-8311-2637-2, 54 Seiten
Wegweisender Jesus, 2001, ISBN 3-8311-2840-5, 52 Seiten
Bibel für jeden (in Reimen zu lesen), 2001, ISBN 3-8311-2857-X, 94 Seiten
Fabeln (in Reimform), 2001, ISBN 3-8311-2838-3, 74 Seiten
Balladen, 2001, ISBN 3-8311-2536-8, 78 Seiten
Kosmos & Vision, 2001, ISBN 3-8311-3481-2, 50 Seiten
Apokalyptische Steine, 2002, ISBN 3-8311-3314-X, 65 Seiten
Apokalyptische Steine nach Plinius und heute, 2002, ISBN 3-8311-3503-7, 56 S.
Heinrich Heine in Gedicht, 2002, ISBN, 50 Seiten

Vergriffene Schriften:

Bd.1. Sebastian Cerdo: St. Wendel z.Zt.des 30-jährigen Krieges, 1989², 86 Seiten.
Bd.2. Die Einwohner von St. Wendel vor dem 30-jährigen Krieg, 1990, 177 Seiten.
Bd.3. Listen, Register, Verzeichnisse vor 1700, 1990, 184 Seiten.
Bd.4. Die Einwohner von St. Wendel z.Zt.des 30-jährigen Krieges (St.A.), 1990, 177 Seiten.
Bd.5. Die Einwohner von St. Wendel von 1648 - 1700 (St.A.), 1990, 188 Seiten.
Bd.6. Ergänzungen: Einwohner von St. Wendel nach den Pfarrbüchern (PfB), 1990, 188 Seiten.
Bd.7. Die Einwohner von St. Wendel vom Ursprung bis 1500. 1990, 158 Seiten.
Bd.8. Die Einwohner von St. Wendel im 16. Jahrhundert, 1990, 158 Seiten.
Bd.9. Die Einwohner von St. Wendel ab 1700 bis 1750 (St.A.), 1991, 184 Seiten.
Bd.10. Die Einwohner von St. Wendel ab 1750 bis 1770 (St.A.), 1991, 223 Seiten.
Bd.11. Die Einwohner von St. Wendel ab 1770 bis 1780 (St.A.), 1991, 139 Seiten.
Bd.12. "Ahnen" der Familie Gerber, 1991, 80 Seiten.
Bd.13. Die Einwohner von St. Wendel ab 1780 bis 1790 (St.A.), 1991, 118 Seiten.
Bd.14. Listen des Amtes St. Wendel von 1600 bis 1800 (St.A.), 1991, 135 Seiten.
Bd.15. Listen, Register, Verzeichnisse von 1700 bis 1800 (St.A.)1991, 140 Seiten.
Bd.16. Urkunden von St. Wendel aus dem 16. bis 18. Jahrh., (LHAKoblenz), 1991, 86 Seiten.
Bd.17. Stadt- und Pfarrgeschichte St. Wendel bis Mitte des 16. Jahrh., 1991, 50 Seiten.
Bd.18. St. Wendel am Vorabend des 30-jährigen Krieges u. ähnl. Städte, 1992, 140 Seiten.
Bd.19. St. Wendel am Vorabend des 30-jährigen Krieges u. Saarl. Städte, 1992, 188 Seiten.
Bd.20. Die wirtschaftliche Lage und die soziale Not von St. Wendel um 1600. 1992, 170 Seiten.
Bd.21. "Alte Lagerbücher" von St. Wendel I. Band, 1992, 185 Seiten.
Bd.22. "Neues Lagerbuch" von St. Wendel Teil I.(A), 1992, 187 Seiten.
Bd.23. "Neues Lagerbuch" von St. Wendel Teil II.(B), 1992, 220 Seiten.
Bd.24. "Specialcharte" über den Bann von St. Wendel, 1992, 100 Seiten.
Bd.25. Alte Urkunden von St. Wendel ab 630 bis 1461, 1993, 161 Seiten.
Bd.26. Kriegsschicksal der Familie Johannes Gerber, Hostenbach, 1993, ~100 Seiten.
Bd.27. Urkundensammlung (US) PfA St. Wendel von 1304 - 1417, 1993, 80 Seiten.
Bd.28. Urkundensammlung (US) PfA St. Wendel von 1418 - 1477, 1993, 80 Seiten.
Bd.29. Urkundensammlung (US) PfA St. Wendel von 1477 - 1506, 1993, 80 Seiten.
Bd.30. Urkundensammlung (US) PfA St. Wendel von 1506 - 1960, 1993, 120 Seiten.
Bd.31. Regesten der (US) PfA St. Wendel von 1304 - 1960, 1995, 61 Seiten.
Bd.32. Einwohnerbuch St. Wendel I. Vor 1500 bis 1800, 1994², 400 Seiten.
Bd.32. Einwohnerbuch St. Wendel II, III, IV, 1800-1880, 1995/1996, 290; 62; 135 Seiten.
Bd.33. Weltbild und Bild des Menschen nach Gn 1-3, und Meditation, 1998, 72 Seiten.
Bd.34. Meditationen, 1998, 140 Seiten.
Bd.35. Apostelberichte in Gedichte, 1999, 92 Seiten. Bd.37. Buntes Allerlei, (Gedichte),1999.
Bd.36. Bibelbriefe in Gedichte, 1999, 67 Seiten. Bd.38. Reisegedichte, 1999/2001.